El peinado del gallo

Kelly Doudna

Illustrated by Anne Haberstroh

Translation by Elba Marrero, M.S.

Consulting Editors
Janna Reuter, M.A. Applied Linguistics, Gloria Rosso-White,
Lourdes Flores-Hanson, M.S.E., Cathy Camarena, M.Ed.

ABDO
Publishing Company

Published by ABDO Publishing Company, 4940 Viking Drive, Edina, Minnesota 55435.

Printed in the United States.

Credits
English Consulting Editor: Diane Craig, M.A./Reading Specialist
Spanish Language Editorial Team: Janna Reuter, M.A. Applied Linguistics, Anita Constantino, Lourdes Flores-Hanson, M.S.E., Elba Marerro, Gloria Rosso-White
Curriculum Coordinator: Nancy Tuminelly
Cover and Interior Design and Production: Mighty Media
Photo Credits: Brand X Pictures, Digital Vision, John Foxx, Photodisc, ShutterStock

Library of Congress Cataloging-in-Publication Data

Doudna, Kelly, 1963-
    [Rooster combs. Spanish]
    El peinado del gallo / Kelly Doudna ; illustrated by Anne Haberstroh.
       p. cm. -- (Realidad y ficción. Cuentos de animales)
    Summary: Gabriel Gallo is not a morning rooster, so he asks his wife to take over his job of crowing at dawn and opens a beauty salon, where he specializes in comb styling. Includes facts about chickens.
    ISBN-10 1-59928-663-7 (hard cover)
    ISBN-10 1-59928-664-5 (soft cover)

    ISBN-13 978-1-59928-663-1 (hard cover)
    ISBN-13 978-1-59928-664-8 (soft cover)
    [1. Roosters--Fiction. 2. Chickens--Fiction. 3. Beauty shops--Fiction.
4. Job satisfaction--Fiction. 5. Spanish language materials.]
    I. Haberstroh, Anne, ill. II. Title. III. Series.
PZ73.D665 2006
[E]--dc22
                                                                                    2006009710

SandCastle Level: Fluent

SandCastle™ books are created by a professional team of educators, reading specialists, and content developers around five essential components—phonemic awareness, phonics, vocabulary, text comprehension, and fluency—to assist young readers as they develop reading skills and strategies and increase their general knowledge. All books are written, reviewed, and leveled for guided reading, early reading intervention, and Accelerated Reader® programs for use in shared, guided, and independent reading and writing activities to support a balanced approach to literacy instruction. The SandCastle™ series has four levels that correspond to early literacy development. The levels help teachers and parents select appropriate books for young readers.

Emerging Readers
(no flags)

Beginning Readers
(1 flag)

Transitional Readers
(2 flags)

Fluent Readers
(3 flags)

These levels are meant only as a guide. All levels are subject to change.

REALIDAD Y Ficción

Esta serie provee a los lectores principiantes que leen con fluidez con la oportunidad de desarrollar estrategias de comprensión de lectura y aumentar su fluidez. Estos libros son apropiados para la lectura guiada, compartida e independiente.

REALIDAD. Las páginas a la izquierda incorporan fotografías reales para aumentar el entendimiento de los lectores del texto informativo.

Ficción. Las páginas a la derecha involucran a los lectores con un cuento entretenido y narrado el cual es apoyado con ilustraciones llenas de imaginación.

Las páginas de Realidad y Ficción pueden ser leídas por separado para mejorar la comprensión a través de preguntas, predicciones, inferencias y resúmenes. También pueden ser leídas lado a lado, en partes, lo cual anima a los estudiantes a explorar y examinar diferentes estilos de escritura.

¿REALIDAD o Ficción? Este divertido examen corto ayuda a reforzar el entendimiento de los estudiantes de lo que es real y lo que es ficción.

LECTURA RÁPIDA. La versión que incluye solamente el texto de cada sección incluye reglas de conteo de palabras para la práctica de fluidez y para propósitos de evaluación.

GLOSARIO. El vocabulario de alto nivel y los conceptos son definidos en el glosario.

SandCastle™ would like to hear from you.

Tell us your stories about reading this book. What was your favorite page? Was there something hard that you needed help with? Share the ups and downs of learning to read. To get posted on the ABDO Publishing Company Web site, send us an e-mail at:

sandcastle@abdopublishing.com

Los gallos no sólo cacarean en la madrugada.
También lo hacen en cualquier momento del
día. El cacarear es una forma que los gallos
usan para marcar su territorio.

Son las 6:00 de la mañana y el reloj despertador de Gabriel Gallo empieza a sonar. Él oprime el botón para volver a activar la alarma y piensa, "En unos 10 minutos me levanto y cacareo."

Si no hay un gallo en un gallinero, puede suceder que una de las gallinas deje de poner huevos y que empiece a cacarear como un gallo.

Son las 6:10 de la mañana y el reloj despertador de Gabriel Gallo suena otra vez. Él le dice a Generosa Gallina, su esposa, "Cariñito, ¿puedes tú cacarear, por favor? No es que sea perezoso, es que no me gusta madrugar."

Las gallinas se mantienen activas durante el día. De noche, no son activas y descansan bien juntitas en una percha o varal.

¡BIENVENIDOS!

Gabriel se pone a pensar acerca de diferentes trabajos y decide abrir un salón de belleza.

"Ahora soy mi propio jefe," dice con alegría. "No tengo que ir a trabajar hasta el mediodía si no quiero!"

SALÓN DE BELLEZA EL CORRAL

CANTO AL ESTILO CALDERES

BALLET DE LOS GANZOS VOLADORES

GABRIEL

CRESTA Y RIZO

9

Las gallinas y los gallos tienen una cresta en la cabeza. La cresta de un gallo es más grande que la de una gallina.

Gabriel Gallo se especializa en el diseño de peinados de la cresta. Él engancha un cartel en la pared para que sus clientes puedan ver los diferentes estilos que están disponibles.

11

Las gallinas y los gallos se picotean para decidir su rango en el grupo. La frase "orden en que picoteas" proviene de esta costumbre. Las gallinas y los gallos con un rango alto tienen más acceso a la comida y a lugares donde hacer su nido.

El día que abre el salón de belleza, Gabriel atiende a sus familiares y amigos antes que a los clientes. El abuelo Gallo Gallote se sienta en la primera silla y dice, "Gabriel, yo no soy un pollito y no necesito un peinado elegante. Hazme el peinado Sencillo."

Las gallinas respiran a una velocidad que casi equivale al doble de la velocidad a la que respiran los gallos.

El siguiente cliente de Gabriel es Generosa Gallina. Ella está tan emocionada que no puede respirar. Le pregunta, "Gabriel, ¿crees que me vería bien con el peinado Botón de Oro?"

Gabriel le contesta embobado, "¡Cariñito, a ti cualquier cosa te queda bien!"

15

La cresta es una parte muy vistosa y llamativa del cuerpo de los gallos y de las gallinas, pero también los ayuda a mantenerse frescos.

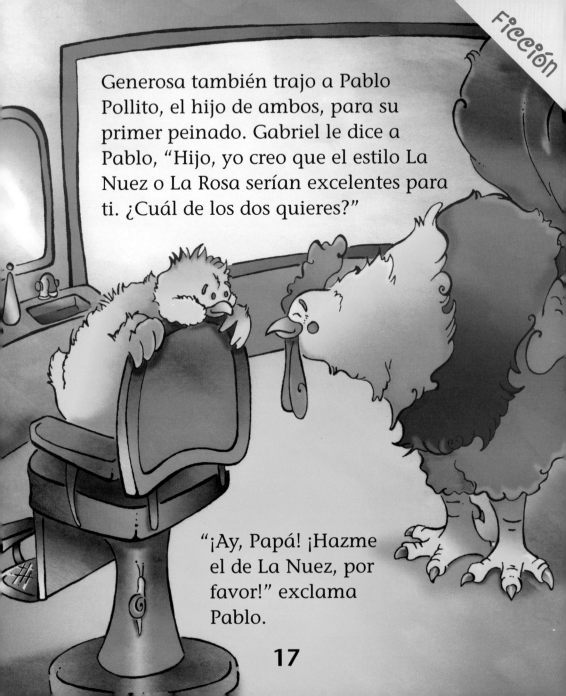

Generosa también trajo a Pablo Pollito, el hijo de ambos, para su primer peinado. Gabriel le dice a Pablo, "Hijo, yo creo que el estilo La Nuez o La Rosa serían excelentes para ti. ¿Cuál de los dos quieres?"

"¡Ay, Papá! ¡Hazme el de La Nuez, por favor!" exclama Pablo.

17

Existen alrededor de 175 variedades de gallinas, las cuales están agrupadas entre aproximadamente 60 razas.

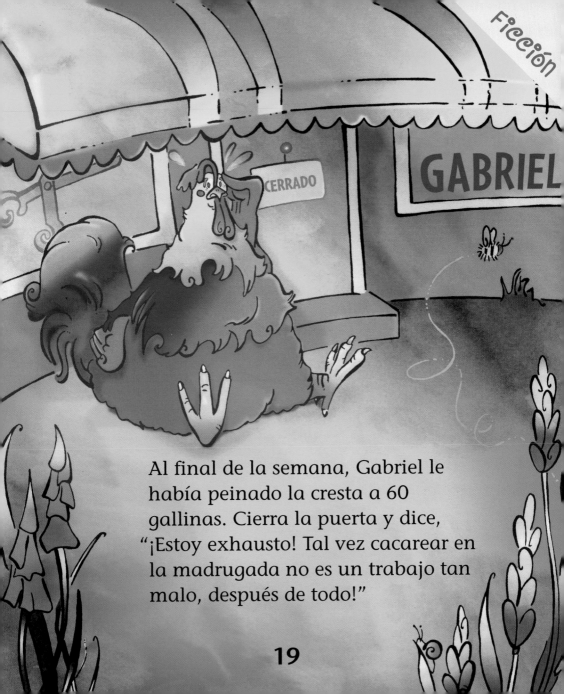

Al final de la semana, Gabriel le había peinado la cresta a 60 gallinas. Cierra la puerta y dice, "¡Estoy exhausto! Tal vez cacarear en la madrugada no es un trabajo tan malo, después de todo!"

¿REALIDAD o Ficción?

Lee cada una de las siguientes oraciones. ¡Luego decide si es de la sección de REALIDAD o Ficción!

1. El cacarear es una forma que los gallos usan para marcar su territorio.

2. Las gallinas usan relojes despertadores para despertarse a tiempo.

3. Las gallinas van a los salones de belleza a peinarse la cresta.

4. Las gallinas y los gallos se picotean para determinar su rango.

RESPUESTAS

1. realidad 2. ficción 3. ficción 4. realidad

Los gallos no sólo cacarean en la madrugada. También 9
lo hacen en cualquier momento del día. El cacarear es una 20
forma que los gallos usan para marcar su territorio. 29

Si no hay un gallo en un gallinero, puede suceder que 40
una de las gallinas deje de poner huevos y que empiece a 52
cacarear como un gallo. 56

Las gallinas se mantienen activas durante el día. De 65
noche, no son activas y descansan bien juntitas en una 75
percha o varal. 78

Las gallinas y los gallos tienen una cresta en la cabeza. 89
La cresta de un gallo es más grande que la de una gallina. 102

Las gallinas y los gallos se picotean para decidir su 112
rango en el grupo. La frase "orden en que picoteas" 122
proviene de esta costumbre. Las gallinas y los gallos con un 133
rango alto tienen más acceso a la comida y a lugares 144
donde hacer su nido. 148

Las gallinas respiran a una velocidad que casi equivale al 158
doble de la velocidad a la que respiran los gallos. 168

La cresta es una parte muy vistosa y llamativa del 178
cuerpo de los gallos y de las gallinas, pero también los 189
ayuda a mantenerse frescos. 193

Existen alrededor de 175 variedades de gallinas, las 201
cuales están agrupadas entre aproximadamente 60 razas. 208

Son las 6:00 de la mañana y el reloj despertador de Gabriel Gallo empieza a sonar. Él oprime el botón para volver a activar la alarma y piensa, "En unos 10 minutos me levanto y cacareo." 11 20 31 36

Son las 6:10 de la mañana y el reloj despertador de Gabriel Gallo suena otra vez. Él le dice a Generosa Gallina, su esposa, "Cariñito, ¿puedes tú cacarear, por favor? No es que sea perezoso, es que no me gusta madrugar." 47 57 65 76 77

Gabriel se pone a pensar acerca de diferentes trabajos y decide abrir un salón de belleza. 85 93

"Ahora soy mi propio jefe," dice con alegría. "No tengo que ir a trabajar hasta el mediodía si no quiero!" 102 112 113

Gabriel Gallo se especializa en el diseño de peinados de la cresta. Él engancha un cartel en la pared para que sus clientes puedan ver los diferentes estilos que están disponibles. 121 131 140 144

El día que abre el salón de belleza, Gabriel atiende a sus familiares y amigos antes que a los clientes. El abuelo Gallo Gallote se sienta en la primera silla y dice, "Gabriel, yo no soy un pollito y no necesito un peinado elegante. Hazme el peinado Sencillo." 154 165 175 186 192

El siguiente cliente de Gabriel es Generosa Gallina. 200

22

Ella está tan emocionada que no puede respirar. Le pregunta, "Gabriel, ¿crees que me vería bien con el peinado Botón de Oro?"

Gabriel le contesta embobado, "¡Cariñito, a ti cualquier cosa te queda bien!"

Generosa también trajo a Pablo Pollito, el hijo de ambos, para su primer peinado. Gabriel le dice a Pablo, "Hijo, yo creo que el estilo La Nuez o La Rosa serían excelentes para ti. ¿Cuál de los dos quieres?"

"¡Ay, Papá! ¡Hazme el de La Nuez, por favor!" exclama Pablo.

Al final de la semana, Gabriel le había peinado la cresta a 60 gallinas. Cierra la puerta y dice, "¡Estoy exhausto! Tal vez cacarear en la madrugada no es un trabajo tan malo, después de todo!"

GLOSARIO

acceso. el derecho de tratar a alguien o de acercarse a algo

cacarear. voz característica de un gallo o de una gallina

cresta. carnosidad roja que está encima de la cabeza de un gallo y de una gallina

gallinero. el lugar en el que duermen los gallos y las gallinas

gallo. ave doméstica masculina de plumaje abundante, pico corto y curvado, que tiene una cresta roja y patas con poderosos espolones

percha. descansar o dormir parado en un pedazo de madera o vara

rango. lugar que se ocupa en un grupo de acuerdo a la posición social

To see a complete list of SandCastle™ books and other nonfiction titles from ABDO Publishing Company, visit www.abdopublishing.com or contact us at: 4940 Viking Drive, Edina, Minnesota 55435 • 1-800-800-1312 • fax: 1-952-831-1632